Charles PETIT-DUTAILLIS

UN NOUVEAU

DOCUMENT SUR L'ÉGLISE DE FRANCE

A LA FIN DE LA GUERRE DE CENT ANS

LE REGISTRE

DES VISITES ARCHIDIACONALES DE JOSAS

Extrait de la *Revue historique*,
Tome LXXXVIII, année 1905.

(*Les tirages à part ne peuvent être mis en vente.*)

PARIS

1905

CHARLES PETIT-DUTAILLIS

.:.

UN NOUVEAU

DOCUMENT SUR L'ÉGLISE DE FRANCE

A LA FIN DE LA GUERRE DE CENT ANS

.:.

LE REGISTRE

DES VISITES ARCHIDIACONALES DE JOSAS

―――――――

Extrait de la *Revue historique*,

Tome LXXXVIII, année 1905.

(*Les tirages à part ne peuvent être mis en vente.*)

―――――――

PARIS

1905

UN NOUVEAU DOCUMENT SUR L'ÉGLISE DE FRANCE

A LA FIN DE LA GUERRE DE CENT ANS.

LE REGISTRE DES VISITES ARCHIDIACONALES DE JOSAS[1].

Quelques érudits ont depuis longtemps remarqué, en étudiant les
documents d'archives, l'extraordinaire diminution des revenus du
clergé français à la fin de la guerre de Cent ans. Ce fait a été mis
récemment en pleine lumière par la publication des suppliques adres-
sées au Saint-Siège au xiv⁰ et au xv⁰ siècle et que le P. Denifle a édi-
tées sous le titre de : *la Désolation des églises en France*. L'affaisse-
ment de l'Église de France à l'époque de la Renaissance, les difficultés
qui découragent les efforts des réformateurs isolés, le cumul des
bénéfices, la misère du bas clergé, l'anéantissement d'un grand
nombre de communautés religieuses, la disparition ou la décadence
des institutions de charité et d'enseignement qui avaient été l'hon-
neur de l'Église au moyen âge, tous ces faits deviennent ainsi intel-
ligibles. On avait l'habitude d'en chercher l'origine dans le grand
schisme et les abus de pouvoir de la papauté; explication évidemment insuffisante. La vraie cause première de tous ces maux *est une
cause économique,* la ruine matérielle des églises et des monastères.

Beaucoup de documents restent à publier, qui, nous en sommes
persuadé, confirmeront cette idée générale. Les registres de visites
des archidiacres seraient une source de renseignements particulièrement précis. On sait que, dans nombre de diocèses, depuis le xi⁰ siècle,
le droit de visite, appartenant à l'évêque, avait été accaparé par les
archidiacres. Les archidiacres, ou plutôt leurs vicaires, inspectaient
les paroisses et certains monastères. Au xv⁰ siècle, s'ils agissaient
tous comme le fit celui de Josas[2], ils contrôlaient l'intégrité du mobilier, la propreté de l'église, de l'autel, des fonts baptismaux, du cime-

---

1. *Visites archidiaconales de Josas*, publ. par l'abbé J.-M. Alliot, curé de
Chennevières-sur-Marne. Paris, A. Picard, 1902, gr. in-8⁰, xxxix-450 p.

2. Cf., sur l'institution de la visite en général, Thomassin, *Ancienne et nouvelle discipline de l'Église,* part. II, liv. III, chap. lxxxi-lxxxii; éd. de 1725,
t. II, p. 1752 et suiv.; — Luchaire, *Manuel des institutions françaises,* liv. I,
chap. ii et iii.

tière, vérifiaient les comptes de fabrique, imposaient sous peine d'amende la réparation des édifices et ordonnaient au besoin la levée d'une taille « sur le modèle de la taille royale[1] », obligeaient les paroissiens à avoir des marguilliers régulièrement constitués et une sage-femme élue par les matrones du lieu, surveillaient enfin la conduite des curés et de leurs ouailles. Leur enquête portait sur une foule de questions qui intéressent l'histoire ecclésiastique et l'histoire sociale en général. Ainsi, l'archidiacre de Josas demandait quel était le nombre des habitants, s'il y avait des excommuniés, des sorciers, des lépreux[2], il s'occupait des ruptures de promesse de mariage[3], séparait les amants adultères, obligeait les concubins à se marier[4]. Comme les visiteurs frappaient d'amende les coupables, mauvais prêtres, marguilliers négligents, paroissiens débauchés, joueurs de dés[5] et jusqu'aux femmes qui avaient omis de faire le pain bénit[6], comme enfin ils percevaient sur chaque paroisse où ils passaient un droit de procuration et de gite, leur arrivée était accueillie avec une médiocre satisfaction, et parfois le curé et les marguilliers s'enfuyaient à leur approche[7]. Mais il est visible qu'on n'osait guère leur donner des informations fausses et qu'ils savaient se renseigner par eux-mêmes. Un scribe attaché à leur suite tenait au jour le jour, tant bien que mal, le registre des visites.

On n'a conservé, vraisemblablement, qu'un très petit nombre de ces registres archidiaconaux[8]. Le registre de l'archidiaconé de Josas, qui était connu déjà de quelques érudits, méritait d'être publié. Il contient le compte-rendu des visites faites par Jean Mouchard, vicaire de l'archidiacre Jean de Courcelles, dans un des trois archidiaconés

---

1. « Hodie comparuit Jacobus Loche, matricularius de Noreio... qui exposuit quod parrochiani indigent viginti francis pro reparatione domus presbiteralis ac ustensilium curati... Dominus eidem, nomine fabrice et parrochianorum, dedit commissionem imponendi predictam summam viginti francorum, ad modum tallie regis » (Alliot, *Visites de Josas*, n° 783. Voir aussi n°° 742, 835).

2. Voir par exemple Alliot, n°° 1144 et suiv.

3. Alliot, n° 835.

4. Alliot, n° 658.

5. Alliot, n° 1011.

6. Alliot, n° 276.

7. Sur les mésaventures du visiteur de Josas, voir les n°° 534, 689, 848, 929.

8. On n'est guère plus riche en registres de visites épiscopales. C'est à cette catégorie qu'appartient le fameux *Regestrum visitationum archiepiscopi Rothomagensis, Journal des visites pastorales d'Eude Rigaud, archevêque de Rouen, 1248-1269*, publ. par Th. Bonnin, 1852 (*sic*). Voir l'article consacré à cette publication par M. Léopold Delisle, *le Clergé normand au XIII° siècle*, dans la *Bibl. de l'Éc. des chartes*, 2° sér., t. III, 1846, p. 479 et suiv., notamment la p. 485 pour les visites pastorales.

du diocèse de Paris [1], de 1458 à 1470. Ce document n'est pas complet, — sur les 200 paroisses de l'archidiaconé de Josas, une trentaine furent toujours laissées de côté par le visiteur, sans doute parce qu'elles étaient alors désertes; — la rédaction est négligée, présente des contradictions de détail et est d'une sécheresse et d'une monotonie fatigantes [2]. Néanmoins, on y saisit au vif ce qu'était le sud du diocèse de Paris à la fin de la guerre de Cent ans, et M. l'abbé Alliot a rendu un grand service en l'éditant [3]. Sans prétendre, en si peu de pages, extraire toute la substance historique d'un recueil fort volumineux, on essayera de présenter ici les conclusions qu'a suggérées un dépouillement attentif de ce texte nouveau, comparé avec les documents déjà connus.

La première impression qui se dégage de cette lecture est que, à la fin du règne de Charles VII et encore pendant le règne de Louis XI, la France, ou, pour parler avec précision, la partie méridionale du diocèse de Paris, était dans la plus misérable situation. On sait avec quelle fureur les environs de la capitale avaient été saccagés par les Écorcheurs et les Anglais. A tous les témoignages qui en attestent la ruine et le dépeuplement vient désormais s'ajouter celui du visiteur Jean Mouchard.

Il nous a paru intéressant de relever les indications démographiques fournies par le registre. Elles n'offrent pas une absolue précision; comparées cependant à beaucoup de documents dont on fait état pour évaluer la population au moyen âge, elles présentent de sérieuses garanties de véracité. Le visiteur prenait ses renseignements auprès du curé et des marguilliers [4]. Le scribe oubliait souvent de les consigner et parfois, sans doute, il les recueillait d'une oreille distraite [5]; mais, somme toute, malgré les lacunes et les

---

1. Le diocèse de Paris était divisé en trois archidiaconés : Paris, Josas, Brie. L'archidiaconé de Josas comprenait deux doyennés (Châteaufort et Montlhéry) et plus de deux cents paroisses, à savoir toutes les paroisses du diocèse situées sur la rive gauche de la Seine, en dehors des murs de Paris.

2. Le registre a été tenu au jour le jour jusqu'à l'année 1468. Pour les années 1469-1470, nous n'avons que des mentions reportées après coup avec peu de méthode et d'exactitude.

3. Pour la critique de cette édition, voir notre article paru dans le *Moyen âge*, année 1905.

4. « Tres parrochiani solum, *ut dixit curatus* » (Alliot, n° 134). « Numerus parrochianorum novem, *ut dicunt matricularii* » (n° 88).

5. Parfois, les renseignements varient d'une façon déconcertante, absurde d'une année à l'autre; ainsi, la population d'Arpajon aurait été de 80 « parrochiani » en 1458; de 100 en 1460; de 140 « vel circa » en 1461; de 100 en 1462 et 1464; de 120 en 1466; de 80 en 1468; de 60 le 11 mars 1470 et de 120 le 9 septembre de la même année. Ces écarts se comprennent d'ailleurs aisément,

erreurs évidentes, ce registre nous permet de nous faire une idée de la population d'environ 140 paroisses, appartenant aux cantons actuels d'Ivry, Villejuif, Sceaux, Vanves, Courbevoie et Asnières dans le département de la Seine, et de Saint-Germain-en-Laye, Marly, Sèvres, Versailles, Chevreuse, Palaiseau, Longjumeau, Limours, Dourdan, la Ferté-Alais, Arpajon et Corbeil dans le département de Seine-et-Oise. Le visiteur note, non pas la quantité totale des habitants, mais celle des « paroissiens », c'est-à-dire des chefs de ménage [1]. Pour avoir le nombre des habitants, il faut, vraisemblablement, multiplier le chiffre donné par quatre ou cinq. Or, même en opérant ainsi, on obtient des chiffres extrêmement faibles. Les cantons actuels sur lesquels le registre donne le plus d'informations démographiques sont ceux d'Arpajon, Corbeil, Longjumeau et Palaiseau. Vers 1467 [2], les quatorze localités mentionnées dans le registre,

même si le scribe a été attentif, étant donnée la population relativement forte d'Arpajon : le curé et les marguilliers avaient peine à évaluer de tête le nombre des familles. La majorité des paroisses avaient un chiffre de ménages beaucoup moins élevé, et par suite le calcul était généralement plus facile et moins fantaisiste. La plupart du temps, en somme (surtout si l'on fait abstraction de la fin du registre, bourrée d'erreurs manifestes), les chiffres ne diffèrent pas beaucoup d'une année à l'autre. Mais, encore une fois, ils ne permettent qu'une statistique approximative, et nous présentons les résultats de nos recherches avec toute la modestie et les réserves nécessaires.

1. M. l'abbé Alliot fait à ce sujet une confusion dans sa *Préface*. Il déclare successivement que « le visiteur tient seulement compte de ceux qui sont en âge de communier », puis que son texte « compte par *feu* ou par chef de famille ». Il est clair que les pouillés de l'ancien régime où il est question des « communiants », et auxquels songe sans doute M. Alliot, dénombrent tous les communiants, même s'ils ne sont pas chefs de familles, ou alors le mot de *communiant* ne signifie rien. Mais ici on compte par *paroissiens*, et c'est le second sens proposé par M. Alliot qui est le bon : il aurait pu le démontrer en citant son n° 280, où se trouve la mention suivante : « Numerus parrochianorum quinque, cum una vidua. » Du moment qu'on spécifie que parmi les paroissiens se trouve une veuve, c'est que *paroissien* signifie chef de famille, et non pas communiant.

2. J'ai pris, autant que possible, les chiffres de l'année 1467 (Alliot, p. 252 et suiv.). C'est une de celles pour lesquelles le registre donne le plus de renseignements et paraît présenter le moins de bévues. De plus, en 1467, la France n'est plus immédiatement sous le coup des désastres de la guerre de Cent ans. On peut percevoir, à cette date, quels sont les effets durables du fléau. — J'emprunte les chiffres actuels de population à la *Situation financière des communes de France en 1903* (publication du ministère de l'Intérieur) et les chiffres de 1807 à l'*Annuaire de Seine-et-Oise* pour l'année 1807; c'est le plus ancien annuaire de ce département qui contienne les chiffres de population. Mon confrère M. Couard, archiviste de Seine-et-Oise, a bien voulu dépouiller pour moi cet annuaire et a eu l'obligeance de me fournir également les chiffres de 1767, qu'on trouvera dans les tableaux insérés plus loin en note, d'après le *Pouillé historique et topographique du diocèse de Paris dédié à*

qui, aujourd'hui, appartiennent au canton d'Arpajon et ont ensemble une population de 13,687 habitants (12,025 habitants en 1807), ne comptaient en tout que 452 *paroissiens*, soit peut-être 2,000 habitants [1]. Notre registre donne un chiffre à peine plus élevé pour douze localités du canton de Corbeil qui ont aujourd'hui une population de 25,893 âmes (9,843 en 1807) et ne comprenaient que 483 *paroissiens* en tout vers 1467 [2], et pour quinze localités du canton de Longju-

Mgr Christophe de Beaumont, archevêque de Paris..., par L. Denis, géographe de Mgr le Dauphin (Paris, 1767). On constatera tout de suite que ces derniers sont des chiffres ronds approximatifs et, tout en tenant compte naturellement de ce fait qu'ils s'appliquent seulement à une partie de la population (les *communiants*), on estimera sans doute avec nous qu'ils offrent parfois, avec les chiffres de 1807, des différences si fortes qu'elles choquent la vraisemblance.

1. Paroisses ou communes actuelles	Nombre actuel des habitants	Nombre des habitants en 1807	Nombre des communiants en 1767	Nombre des paroissiens vers 1467
Arpajon	2,904	2,300	200	100
Avrainville	274	408	200	5
Brétigny	1,251	910	300	82
Bruyères-le-Châtel	700	650	1,000	40
Cheptainville	522	604	260	14
Égly	315	525	.....	7
Leudeville	387	383	300	30
Leuville	834	1,030	130	13
Linas	1,229	1,247	600	65
Marolles-en-Hurepoix	680	408	160	18
Montlhéry	2,448	1,500	900	65
St-Germain-lès-Arpajon	607	600	.....	8
Saint-Vrain	820	660	350	30
Vert-le-Grand	716	800	300	25

2. Paroisses ou communes actuelles	Nombre actuel des habitants	Nombre des habitants en 1807	Nombre des communiants en 1767	Nombre des paroissiens vers 1467
Bondoufle	189	180	100	10
Corbeil	9,632	3,700	.....	46
Echarcon	291	300	130	14
Essonnes	9,374	1,670	1,500	300
Évry-Petit-Bourg	1,269	755	250	19
Fontenay-le-Vicomte	344	286	160	36
Lisse	493	670	120	12
Mennecy	1,622	1,109	300	30
Ormoy	302	198	110	3
Ris-Orangis	1,495	545	20	8
Villabé	882	400	260	5

Notre recueil donne la population d'une autre paroisse encore, celle de Villeroy : 8 paroissiens en 1464, 5 en 1467. Cette paroisse, ainsi dépeuplée par la guerre de Cent ans, ayant été supprimée dans la suite, et Villeroy étant actuellement un hameau de la commune de Mennecy, nous avons additionné les chiffres de 1467 concernant Villeroy (5 paroissiens) et Mennecy (25 paroissiens).

meau qui ont aujourd'hui une population de 21,564 habitants (10,673 en 1807) et ne comprenaient que 489 *paroissiens* en tout vers 1467[1]. Quatorze localités du canton de Palaiseau, qui n'avaient ensemble que 281 *paroissiens*, peut-être 1,400 ou 1,500 habitants, vers 1467, ont maintenant 13,882 habitants (9,058 en 1807)[2].

Assurément, la population de la région parisienne, au moyen âge, n'a jamais dû être, même dans les temps les plus prospères, comparable à celle d'aujourd'hui[3]. Il n'en est pas moins vrai que les chiffres

1. Paroisses ou communes actuelles	Nombre actuel des habitants	Nombre des habitants en 1807	Nombre des communiants en 1767	Nombre des paroissiens vers 1467
Athis-Mons	2,612	844	240	50
Ballainvilliers	642	443	160	4
Champlan	689	511	260	16
Chilly-Mazarin	422	523	200	40
Épinay-sur-Orge	1,910	659	320	19
Grigny	704	580	180	25
Juvisy	3,611	450	370	25
Longjumeau	2,343	2,000	1,000	50
Longpont	791	531	300	60
Massy	1,364	1,050	600	50
Morangis	445	327	120	19
Saulx-les-Chartreux	1,601	1,016	450 (?)	16
Savigny-sur-Orge	1,647	869	.....	20
Villeneuve-le-Roi	1,243	470	220	60
Viry-Châtillon	1,540	400	200	35

2. Paroisses ou communes actuelles	Nombre actuel des habitants	Nombre des habitants en 1807	Nombre des communiants en 1767	Nombre des paroissiens vers 1467
Bièvres	1,157	1,004	300	16
Bures	430	386	200	1
Châteaufort	693	518	145	4
Gif	814	787	360	25
Igny	1,619	610	120	16
Nozay	285	251	400	25
Orsay	1,904	939	360	15
Palaiseau	2,808	1,648	1,200	75
Saclay	562	410	200	30
Toussus-le-Noble	79	44	200	7
Vauhallan	337	300	180	4
Verrières-le-Buisson	1,546	1,069	.....	30
Ville-du-Bois (la)	1,158	800	100	28
Villejust	490	292	150	5

3. On sait qu'au moyen âge Versailles n'était qu'un village. Le chiffre le plus élevé de population indiqué pour Versailles dans notre registre est de 32 paroissiens (en 1466). Toutefois, la fortune de Versailles, due aux causes que l'on sait, a été exceptionnelle, et les tableaux insérés ci-dessus prouvent d'autre part que l'attraction de la population vers la région parisienne au

fournis par Jean Mouchard attestent de terribles malheurs. A plusieurs reprises, le visiteur note que jadis les habitants étaient, en tel village, dix fois plus nombreux[1]. Nous avons relevé dans son registre près d'une quarantaine de paroisses qui comptent moins de dix chefs de famille : n'est-il pas évident, à priori, que la guerre de Cent ans les a dépeuplées?

Les chroniqueurs, il est vrai, s'accordent à louer le rapide relèvement de la France après l'expulsion des Anglais. Les paysans sortirent des cachettes, des forêts et des lieux forts où ils s'étaient réfugiés, les familles se reconstituèrent et s'agrandirent, un nouveau défrichement du sol commença[2]. En comparant les chiffres de population fournis par Jean Mouchard au commencement et à la fin du registre, on constate que, de 1458 à 1470, la population a augmenté sensiblement dans une douzaine de paroisses. Ainsi, à Bois-d'Arcy, en 1458, le visiteur voit un village désert, habité par un seul paroissien nommé Jean Prudomme; dix ans plus tard, il y trouve installés huit ménages. Mais, d'une douzaine de faits de ce genre, faut-il tirer une conclusion générale et croire, avec les chroniqueurs, que les calamités de la guerre de Cent ans furent vite réparées? C'est précisément ce que nous interdit une lecture attentive du registre de l'archidiaconé de Josas. Nous y constatons qu'au milieu du règne de Louis XI nombre de villages du diocèse de Paris sont encore à peu près vides. La Celle-les-Bordes, en 1467, compte trois chefs de famille; les Molières trois également à la même date; les Troux deux en 1468; Mesnil-Saint-Denis cinq ou six en 1470; Milon-la-Chapelle deux en 1467; Ormoy trois, Vauhallan quatre et Villabé cinq à la même date; Saint-Lambert un seul, etc. De brèves mentions comme celle-ci suffisent à décrire la désolation qui règne

xix° siècle a laissé cependant à peu près stationnaire la population de bon nombre de localités de nos trois cantons, entre 1807 et le plus récent dénombrement.

1. « Numerus parochianorum octo, antiquitus centum » (Bièvres, 1458, n° 20). — « Numerus parrochianorum pro nunc sexdecim, et antiquitus centum » (Gif, 1458, n° 24). — « Parrochiani viginti octo pro nunc, antiquitus trecenti » (Chevreuse, 1458; n° 26). — « Parrochiani triginta et antiquitus tricentum » (Briis-sous-Forge, 1458, n° 33).

2. Ainsi, le prieur Jean Maupoint, dans un terrier dont nous aurons plus loin à citer de curieux fragments, constate que les terres de son prieuré sises dans les paroisses d'Égly et de Boissy-sous-Saint-Yon, naguères « cheutes en desert, inhabités et en non valoir », commencent en 1461 à donner un petit revenu, « au moien des labeurs des bonnes gens qui, depuis lesdites guerres finies, se sont retrais ausdits lieux » (*Mém. de la Soc. de l'Hist. de Paris*, t. IV, p. 16).

encore dans les environs de la capitale : « Nous avons passé », est-il écrit à la date du 11 août 1466, « par l'église paroissiale de Jouy-en-Josas; le curé manque; il y a seulement trois paroissiens; l'église est complètement en ruine[1]. »

Comment la prospérité aurait-elle pu renaître aussi vite qu'on le prétend? Louis XI eut une politique ambitieuse et ruineuse; s'il favorisa intelligemment les industriels et les commerçants de ses bonnes villes, il ne fit rien pour soulager la misère des campagnes et les paysans durent payer de lourdes tailles et subir de nouveau la tyrannie des soldats de passage. En 1464, les habitants d'Évry-Petit-Bourg s'excusèrent de ne pouvoir réparer leur église, « parce qu'ils étaient trop chargés des tailles et impositions du roi[2] ». Pendant la guerre du Bien-Public, l'archidiaconé de Josas fut particulièrement éprouvé : c'est là, à Montlhéry, que se livra la principale bataille, et le visiteur, passant le 9 novembre 1465 à Châtillon-sous-Bagneux, dictait cette note à son scribe : « Aucune injonction n'a été faite, à cause de la guerre qui a eu lieu récemment et des maux qu'ont subis les paroissiens, ainsi que les autres habitants de ce diocèse[3]. » Puis, en 1468, ce fut la guerre féodale, qui se termina par le traité de Péronne : au mois d'août, à l'époque où les soldats du roi envahissaient la Bretagne, l'archidiaconé de Josas était sillonné de troupes « qui tenaient continuellement les champs », et leur présence força Jean Mouchard à abréger ses inspections, *leviter visitare*[4]. Le 7 octobre, au moment où le roi se mettait en marche pour Péronne, le visiteur faillit être dépouillé par les gens d'armes à Marly[5].

Impôts royaux écrasants, insécurité, menace intermittente d'être volé et rançonné par les soldats du roi ou des princes et de voir sa maison saccagée et son blé coupé en herbe, tel est encore le sort du paysan d'Ile-de-France vingt ans après la disparition des Anglais. C'est pourquoi la plupart des champs sont encore en friche, comme les maisons sont en ruine. Les autres documents que nous possédons sur l'état des campagnes dans l'archidiaconé de Josas à cette époque confirment pleinement le témoignage du visiteur. Le prieur Jean Maupoint, dont M. Fagniez a publié le curieux *Journal*, a rédigé un terrier de Sainte-Catherine de la Couture. M. l'abbé Alliot aurait pu s'en servir pour nous décrire la situation économique des paroisses

---

1. N° 749.

2. N° 650.

3. Alliot, n° 684. — Les habitants de Vitry « multa perdiderunt, guerris novissime lapsis vigentibus » (n° 729). Voir aussi les n° 687, 710, 712, 722.

4. N° 954, 957.

5. N° 995. Voir aussi les n° 996, 998.

de Boissy-sous-Saint-Yon, Brétigny, Égly, Fontenay-lès-Briis, Forges, Orsay, Saulx-les-Chartreux, Ver-le-Petit, Villejust, qui sont souvent citées dans le registre de Jean Mouchard. Ainsi, « en ladite chastellerie de Montlehery, en la parroisse de Villejust, lesdits religieus [de Saincte Katherine] ont ung hostel, court, granche et estables, bergeries, jardins et plusieurs terres labourables, tout ce de present pour les longues fortunes et malices des guerres et par la povretté desdits prieur et religieus, du tout demourées en ruine et non valeur : *nichil* ». Les terres que le prieuré de Sainte-Catherine possédait à Orsay rapportaient, en 1412, 107 livres 6 sols 6 deniers parisis et oboles, une oie blanche et 16 muids 3 setiers de grain ; elles ne rapportent plus, en 1461, que 72 sols 1 denier parisis, soit trente fois moins. Les terres de Fontenay ne rapportent rien, et ainsi de suite. Ce ne sont que terres « cheutes en friche desert », « en ruine et non valeur », ou cédées pour un cens dérisoire[1]. Lorsque Jean Mouchard visite l'église de Bures, en 1467, *un seul* paroissien habite le village[2]. Un tel fait parait incroyable. Mais nous connaissons l'histoire de la seigneurie de Bures : elle a été écrite (M. l'abbé Alliot parait l'ignorer) par M. Jules Lair[3]. Cet érudit nous montre que les seigneurs de Bures ont été totalement ruinés par la guerre de Cent ans. Leur domaine est tombé en broussailles et est, en effet, inhabité. Il est racheté en 1481 par Antoine Sanguin, seigneur de Meudon ; dans l'acte de vente, on déclare que les cens sont nuls et qu'on ne sait bonnement « l'assignation d'iceulx ne qui les tient de present[4] ».

Si les serfs et les vilains ont été décimés par les massacres et les famines, on voit que les propriétaires ont été réduits, de leur côté, aux plus dures extrémités. Ceux d'entre eux qui, pendant la seconde moitié du xve siècle, ont fait effort pour remettre leurs terres en culture ont dû subir les conditions des paysans. Le terrier de Sainte-Catherine de la Couture nous offre des exemples frappants des pertes subies de ce chef par l'Église. Ainsi, « ès villes et hameaulx de Ver-le-Petit et Misery, en ladite chastellerie de Montlehery, comme il appert ès chartres et ès lettres et ès LVIII et LIX fueilles du viefz Cartulaire de ladite esglise, lesdiz prieur et couvent possident plusieurs cens et fondz de terre et plusieurs rentes, droittures, roages, forages,

---

1. Extrait du terrier de Sainte-Catherine de la Couture, publié par M. Fagniez en tête de son édition du *Journal de Maupoint* (*Mém. de la Soc. de l'Hist. de Paris*, t. IV, p. 15 et suiv.).

2. N° 862.

3. J. Lair, *Hist. de la seigneurie et de la paroisse de Bures (Seine-et-Oise)*, 1876.

4. *Ibid.*, p. 20.

dismes et autres drois seigneuriaulx ; lesquelles choses, en l'an mil IVᵉ et douze, valoient et revenoient à la somme de 8 livres parisis de ferme par chascun an ; tout ce, pour la cause desdites guerres, rugneux et inhabité et en non valoir, et, affin de le repparer et remettre en valeur, lesdits religieux, en l'an mil IVᶜ LIV, le xvᵉ jour du mois de mars, baillèrent à tiltre de loier, dudit jour jusques à dix ans, tout ce que dit est, pour le pris de xxıı soulz parisis ». A Brétigny, le domaine de Mauperluis et ses dépendances ne rapportent plus rien ; ils valaient, en 1412, 28 livres parisis de revenu annuel : « Lesdits religieus, l'an mil IVᶜ LV, les ont baillé *à tiltre de cens et heritage perpetuel* à Jehan Hemart, laboureur, demorant lors à Moret-soubz-Sainct-Yon, tant pour et parmy douze septiers de fourment et trois septiers d'avoine par chascun an, comme pour et parmy deux soulz parisis de cens et fondz de terres portans rentes et saisines par chascun an, et 20 soulz parisis de rente par chascun an[1]. »

Or, si l'Église était très riche au moyen âge, elle ne l'était guère que par ses revenus fonciers. On peut croire que les désastres de la guerre de Cent ans les ont réduits de moitié ou des deux tiers en la plupart des cas, et parfois bien davantage, comme on vient de le voir. Voilà pourquoi le visiteur, dans les abbayes et les prieurés où il peut pénétrer[2], trouve les cellules désertes et l'autel en ruine. Il nous parle de trois abbayes, celles de la Roche, de Gif et de Val-Profond. L'abbé de la Roche, Pierre le Coisne, vit tout seul dans son abbaye ; en 1462, pour se procurer des ressources, il vend une Bible, un calice et un missel ; en 1468, il vend 2,000 tuiles de la toiture des bâtiments. Son successeur fait quelques réparations, mais est obligé d'ordonner la démolition du clocher, afin d'en prévenir la chute[3]. A Gif, il y a une abbaye de femmes ; l'abbesse déclare, dès 1452, que son monastère est ruiné par la guerre, « tellement qu'il n'y a aucunes autres religieuses ni couvent[4] » ; et, en effet, lors des visites archidiaconales faites presque chaque année de 1458 à 1470, l'abbesse n'a aucune religieuse avec elle ou n'en a qu'une seule ; sou-

1. Fagniez, *op. cit.*, p. 16-17.
2. On sait que beaucoup d'abbayes et de prieurés s'étaient fait exempter par le pape de la visite épiscopale et archidiaconale. Notre registre ne mentionne jamais les abbayes des Vaux-de-Cernay, de Port-Royal et de Saint-Victor, sises dans l'archidiaconé. En 1463, l'abbesse de Gif fut un instant excommuniée pour avoir dénié au visiteur le droit de lui faire des injonctions (voir une intéressante relation de ce débat : nᵒ 534).
3. Alliot, nᵒˢ 144, 261, 312, 410, 527, 887, 976, 1110, 1220. — Ces documents avaient été publiés déjà, M. l'abbé Alliot paraît l'ignorer, dans la *Bibliothèque de l'École des chartes*, 5ᵉ sér., t. IV, p. 337-338.
4. Document cité par J. Lair, *op. cit.*, p. 19.

vent elle est elle-même absente ; l'église, à demi détruite, est ouverte
à tous les vents[1]. L'abbaye de Val-Profond (Bièvres), en pleine ruine
à l'année 1458, est relevée, il est vrai, par l'abbesse Guillemette de
Sully : en 1468, l'église est bien entretenue et l'abbesse « prend
grand'peine pour les réparations » ; cependant, il n'y a encore que
cinq religieuses aux côtés de Guillemette[2]. Quant aux prieurés, au
nombre de trente dans l'archidiaconé de Josas, ils sont dans le plus
misérable état : à Marly-le-Roi, le prieur Guillaume Rigault déclare
qu'il ne peut pas entretenir un seul moine avec lui ; à Saint-Saturnin
de Chevreuse, le prieur vit également tout seul. Avant un siècle, ces
trente prieurés auront presque tous disparu[3].

Les églises paroissiales de l'archidiaconé offrent le plus triste
spectacle. Les habitants sont trop pauvres pour faire réparer, charge
qui leur incombe, les édifices sacrés et les presbytères, et les curés
sont sans ressources. Bien que les visiteurs exigent, en général, très
strictement le droit de procuration, Jean Mouchard est obligé le plus
souvent de faire des concessions : une vingtaine de paroisses à peine
peuvent acquitter ce droit intégralement. Encore à la fin du règne de
Louis XI, l'archidiacre de Josas subit de ce fait une perte impor-
tante[4].

1. N°s 25, 415, 534, 762, 861, 974, 1116, 1226.
2. N°s 19, 978.
3. N°s 8, 855. — En 1445, le prieuré de Saint-Germain-en-Laye, sur lequel
notre recueil ne nous renseigne pas, ne peut plus même nourrir son prieur (Denifle,
n° 978). — Sur la désolation des monastères dans le reste de la France, voir
Denifle, *passim ; Chronique du Bec*, éd. Porée, 1883, p. 95 ; acte de Charles VII,
pour Sainte-Croix de Poitiers, publié dans *Bull. de la Soc. des Antiq. de l'Ouest*,
1894, p. 398-400 ; J. Soyer, *Analyse des actes de Charles VII conservés aux
archives du Cher*, 1898, n°s 39, 48 ; Depoin, *Livre de raison de l'abbaye de
Saint-Martin de Pontoise*, 1900, p. 227 et suiv. ; Ch. de Lasteyrie, *l'Abbaye de
Saint-Martial de Limoges*, 1901 ; Marion, *l'Abbaye de Moissac* (*Bibl. de l'Éc.
des chartes*, 3° sér., t. I) ; L. Jarry, *Histoire de l'abbaye de la Cour-Dieu*,
1864 ; de Vauzelles, *Histoire du prieuré de la Magdeleine-lez-Orléans*, 1873 ;
Bernard Palustre, *Essai sur la réforme de l'ordre de Fontevrault* (*Posit. de
thèses de l'École des chartes*, 1897) ; F.-A. Denis, *Lectures sur l'histoire de
l'agriculture en Seine-et-Marne*, 1880, p. 206 et suiv. ; Bardon, *Histoire d'Alais
de 1341 à 1461*, 1896, chap. VIII, etc. — Pour ce qui concerne les prieurés,
nous devons ajouter qu'un grand nombre de ces établissements, au XIII° siècle
déjà, était en assez misérable état ; c'est du moins le cas de beaucoup des
prieurés normands que visitait Eude Rigaud. Mais c'était à la mauvaise admi-
nistration des chefs, au défaut de comptabilité, aux emprunts usuraires, —
abus en somme remédiables, — et non pas à la misère générale, qu'Eude
Rigaud attribuait la diminution des revenus de ces communautés.
4. « Alii vero beneficiati in archidiaconatu predicti domini nichil solverunt
quia redditus et revenute suorum beneficiorum non sufficiunt ad divinum ser-
vicium faciendum, et etiam in pluribus locis ecclesie et loca sunt omnino des-

A chaque page du registre de Jean Mouchard reviennent les mentions monotones : « Ecclesia indiget multis reparationibus... Ecclesia est omnino ruynosa... Ecclesia est quasi inhabitabilis. » Ici, les vitraux sont depuis longtemps cassés et la toiture n'abrite plus les fidèles contre la pluie ; là, le clocher menace de s'effondrer ou bien un pan de mur est tombé [1]. Souvent les vases sacrés ont été mis en gage [2]. A Chilly-Mazarin, le presbytère menace ruine [3] ; à Gentilly, le curé ne réside pas, parce qu'on ne répare point sa toiture [4] ; à Mareil-Marly, à Bièvres, à Marcoussis, il n'y a aucun logement pour le curé [5] ; en maintes localités, il n'a point le mobilier élémentaire que les paroissiens doivent lui fournir, non pas même un lit [6].

Comment, dès lors, s'étonner qu'au xve siècle la plaie du cumul des bénéfices se soit prodigieusement élargie ? Sans doute, le Saint-Siège a favorisé plus que de raison certains grands dignitaires, et le cardinal d'Estouteville n'avait pas besoin de ses quatre évêchés, de ses quatre abbayes et de ses trois prieurés de France, sans parler de ses bénéfices d'Italie [7]. Mais le plus souvent, n'en doutons pas, le cumul était commandé par les nécessités de la vie quotidienne, et les prêtres qui jouissaient de plusieurs bénéfices étaient loin d'être tous des riches, à une époque où tant de bénéfices ne valaient plus rien. Lorsque le visiteur demande à Guillaume Rigault, prieur de Marly-le-Roi, ce que lui rapporte son prieuré, celui-ci répond que, en con-

tructa » (Compte des revenus de l'archidiaconé de Josas, *ad ann.* 1476, cité dans la *Préface* de l'abbé Alliot, p. xxiv, note).

1. N°s 7, 120, 122, 138, 142, 221, 231, 281, 603, 965, 1124, 1258, etc.

2. Voir par exemple le n° 145. — Il arrive aussi, en revanche, que les églises de campagne ont des objets précieux, des reliques qu'on y a placées pendant la guerre de Cent ans pour les sauvegarder. Ainsi, à Arpajon, « fabrica habet in custodia caput sancti Yonis, ex parte dominorum Parisiensis episcopi et archidiaconi de Josayo, propter pericula guerrarum et latronum » (n° 370). Nous sommes en 1461 ; il est clair que l'évêque de Paris a oublié de réclamer la tête de saint Yon.

3. N° 737.

4. N° 933.

5. N°s 237, 1122, 1236, etc.

6. N°s 818, 1144, 1199, etc... — Le recueil cité du P. Denifle est plein de documents sur la ruine et la misère des églises dans toute la France. — Le *Journal des visites pastorales* d'Eude Rigaud donne au contraire l'impression qu'au xiiie siècle les églises étaient munies de ressources suffisantes et étaient convenablement entretenues. « Ecclesia Sancte Marie de Angiervilla... pinguis est et habundans in redditibus » (*Journal*, p. 8) ; il semble que cette phrase pourrait s'appliquer à la plupart des paroisses du diocèse de Rouen au temps de saint Louis.

7. Voir les autres exemples cités par l'abbé H. Dubrulle, *Bullaire de la province de Reims sous le pontifical de Pie II*, 1905, p. 13 et suiv.

séquence de la guerre, les revenus du prieuré ne suffisent pas à le faire vivre, bien qu'il n'ait plus un seul moine avec lui, et il montre des lettres de l'évêque de Paris l'autorisant à desservir, en même temps que son prieuré, l'église paroissiale de Louveciennes[1]. Les clercs qui ne pouvaient arriver par le cumul à assurer leur pain quotidien étaient réduits à mener une vie d'expédients et de vagabondage, sur laquelle les documents d'ordre judiciaire ne manquent pas, car elle finissait souvent dans le crime[2].

Cette préoccupation d'obtenir des bénéfices de rapport suffisant engendra pour l'Église de France des maux innombrables, notamment l'instabilité des titulaires : les mutations, dans l'archidiaconé de Josas, étaient incessantes[3]. Au reste, bien souvent les paroissiens ne s'apercevaient pas du changement, vu que le curé n'avait pas l'habitude de résider. A chaque page, notre registre porte la mention : « Curatus non est residens supra locum. » Nous voyons, par exemple, que le curé de Bondoufle habite Corbeil et ne s'est même pas dérangé pour venir recevoir le visiteur, qui s'était annoncé[4]. Le curé d'Évry-Petit-Bourg habite Saint-Maur-des-Fossés[5]. Le curé de Bois-d'Arcy habite Orléans[6]. Beaucoup habitent Paris[7]. Le cumul a pour conséquence forcée l'absentéisme.

Pour assurer le service divin, les curés qui ne résident pas se servent de chapelains, ou bien ils cèdent à ferme leurs cures à d'autres prêtres[8], ou bien ils viennent eux-mêmes célébrer les

1. N° 8. — Cf. Denifle, *Désolation des églises en France*, t. I, Préface, p. XI-XII.

2. Voir Siméon Luce, *les Clercs vagabonds à Paris et dans l'Ile-de-France*, 1878, plaquette in-8°. — Longnon, *Paris pendant la domination anglaise*, documents publiés par la Société de l'Hist. de Paris, 1878; n° 167 et note ; du même, édition des *Œuvres de Villon*, 1892. — Cf. notre chapitre sur *les Bas-fonds de la société au XV° siècle*, dans l'*Histoire de France* publiée sous la direction de M. Lavisse, t. IV, 2° part., p. 117 et suiv.

3. Le *Bullaire de la province de Reims sous le pontifical de Pie II*, de M. l'abbé Dubrulle, met ce fait en lumière pour une autre partie de la France.

4. N° 917.

5. N° 904.

6. N° 1141.

7. N°° 897, 1156, 1157, 1158, etc. — Sur l'absentéisme des curés en Normandie au XV° siècle, voir Ch. de Beaurepaire, *État des campagnes de la Haute-Normandie dans les derniers temps du moyen âge*, 1865, p. 177 et suiv.; L. Delisle, *la Classe agricole en Normandie au moyen âge*, 1851, p. 646. — Au XIII° siècle, le *Journal* d'Eude Rigaud signale quelques prêtres qui ne résident pas, mais ce sont des exceptions condamnables (*Journal*, p. 21, 23, 29, 40, 395).

8. Ces usages se retrouvent dans toute la France, croyons-nous, au XV° siècle. Voir Ch. de Beaurepaire, *op. cit.*; un mandement de l'évêque de Quimper, en 1496,

offices. On devine les conséquences. A Savigny-sur-Orge, « les paroissiens font grand'plainte de leur curé, qui ne les a visités qu'une seule fois en quatre ans, et aussi du chapelain, parce qu'il ne dessert pas bien ni diligemment l'église et fait mal ce qu'il doit[1] ». Un seul chapelain remplace les curés de Bondoufle et d'Évry-Petit-Bourg; il habite, d'ailleurs, lui-même Corbeil, et pendant des semaines les paroisses qui lui sont confiées n'ont pas de messe[2]. Certains prêtres fermiers ne sont pas plus consciencieux : Jean Thiboult, curé de l'église Saint-Étienne à Essonnes, qui réside à Paris pour y conquérir ses grades de théologie, a loué ce bénéfice à deux prêtres, Jean Milet et Étienne Chicot; or, les paroissiens se plaignent que les fermiers eux-mêmes ne résident pas[3]. Souvent encore les curés absents ne prennent aucun remplaçant, ou bien aucun curé n'a été nommé; les paroissiens entendent la messe comme ils le peuvent, leurs marguilliers perçoivent la dîme et s'en servent pour faire célébrer de temps en temps le service divin[4]. A Bruyères-le-Chatel, le curé et le prieur sont absents tous les deux; le prieur est remplacé par un certain Jacques Gerart : on n'est pas sûr que ce Jacques Gerart soit prêtre, quoi qu'il en dise. Il profite des confessions pour forcer les pénitents à payer des messes[5].

Les paroisses où les curés résident ne sont pas toujours les mieux loties. Nombreuses sont celles où d'aigres querelles et des récriminations mutuelles, engendrées par la misère générale, mettent aux prises les curés et leurs ouailles. Ces contestations sont si fréquentes que le visiteur s'empresse de noter les paroisses où la concorde règne[6]. Si maints curés se plaignent de manquer du nécessaire, très souvent les paroissiens accusent leur curé de ne pas dire la messe

dans la *Bibl. de l'Éc. des chartes*, 1900, p. 65; Simonnet, *le Clergé en Bourgogne* (*Mém. de l'Acad. de Dijon*, 1865, 2e sér., t. XIII, p. 80).

1. N° 900. Voir un curieux texte cité pour la Bourgogne par J. Simonnet, *le Clergé en Bourgogne*, p. 49 : les paroissiens de Trouhans, en 1461, obligent leur curé, en le menaçant d'un procès, à « faire résidence continuelle audit Trouhans », ou à « bailler ung chapelain souffisant ».

2. N°° 904, 917, 1013.

3. N°° 454, 455. Cf. abbé Alliot, *Visites archidiaconales à Corbeil et Essonnes au XVe siècle*, dans *Annales de la Soc. archéol. du Gâtinais*, 1891. — Plaintes contre le fermier de Villeneuve-le-Roi : n° 897.

4. Voir par exemple n°° 759, 1109, 1141. Voir aussi n°° 1024, 1111, 1131, etc. Le visiteur est d'ailleurs très dur pour les ecclésiastiques errants, notamment les moines mendiants, vieux adversaires du clergé séculier. Voir par exemple n° 117.

5. N° 953.

6. « Nulla est controversia nec querimonia inter habitantes et curatum » (n° 839). « Curatus et parrochiani sunt bene concordes » (n° 1117), etc.

tous les dimanches [1] ou bien de ne déployer de zèle que s'il peut
escompter un profit. On assure que le curé d'Arpajon oublie de fêter
les Saints Apôtres, mais que, « propter lucrum », il n'oublie pas les
messes de la confrérie [2]. Le curé de Saint-Vrain est condamné à une
amende par le visiteur, « attendu qu'il a refusé d'enterrer un petit
enfant, parce que le père ne voulait pas lui payer ses droits [3] ».
D'autres sont accusés de s'approprier la cire ou les cierges [4], voire
même d'avoir volé le reliquaire de l'église [5].

La grossièreté et l'indifférence d'une partie de ce clergé rural sont
si grandes que le visiteur doit dénoncer, à chaque page de son
registre, la saleté honteuse de telle église ou de tel cimetière [6]. Un
bon quart des paroisses visitées mérite ses véhéments reproches : le
sanctuaire ne peut être fermé, les hosties sont mangées par les vers,
les livres liturgiques sont disloqués, les linges de l'autel sont pour-
ris, et le visiteur trouve dans les fonts baptismaux des araignées et
des limaces [7]. En 1470, à Asnières, le visiteur constate que, depuis
trois ans, la porte latérale ne peut être fermée et que les porcs se
promènent librement dans l'église. Les curés ne pèchent pas seulement par négligence. Beaucoup trouvent tout naturel de déposer dans
l'église des coffres, des futailles, des provisions de blé. Le curé de
Magny-les-Hameaux, par exemple, a fait apporter son blé dans
l'église, l'y a battu et vanné. L'église de Ver-le-Petit, pour la même
raison, est jonchée de paille et n'a pas été nettoyée depuis deux ans [8].
Les paroissiens ne se gênent pas plus que le curé : ce n'est pas seulement pendant la guerre du Bien-Public et par peur des gens
d'armes qu'ils s'installent dans les églises avec leurs meubles et leurs
provisions [9]. En 1459, Nicolas le Roux, ayant, en l'absence du curé,
les clefs de l'église de Leuville, y a fait apporter et battre les gerbes

1. N°s 295, 1087, etc.
2. N° 833.
3. N° 639.
4. N°s 823, 831.
5. N° 977.
6. C'était évidemment pendant la guerre de Cent ans que les curés avaient
perdu l'habitude de veiller à la propreté des lieux saints. Voir dans Denifle,
t. I, p. 505, les lamentations de Jean Jouvenel des Ursins (1439), sur les
églises « ordonnées à estre herbages et receptacules à larrons, ribaulx, mur-
triers et toutes mauvaises gens, estables à chevaulx, etc. »
7. N°s 130, 156, 297, 384, 404, 485, 608, 616, 747, 752, etc.
8. N°s 176, 251, 406, 413, 508, etc.
9. Sur les églises devenues des refuges pendant la guerre du Bien-Public,
voir les n°s 685, 688, 693, 694, 696, 697, 705, 718, 774, 778. Quelques-unes
furent d'ailleurs pillées. Voir les n°s 721, 727, 728.

de la dîme, dont il s'est rendu acquéreur [1]. En 1460, à Asnières, Jeanne la Mulote est condamnée à l'amende par le visiteur pour avoir mis des tonneaux et des ustensiles de ménage dans l'église [2]. En 1461, quand le visiteur arrive à Saint-Yon, il trouve dans l'église un habitant de Saint-Sulpice-de-Ferrières, Jean Mansel, en train de battre son orge [3]. En 1462, à Viry-Châtillon, Alison la Chevallière s'est établie dans l'église, et ses poules couvent sur l'autel [4]. Lorsque Jean Mouchard visite l'église du Pecq, au mois de mai 1461, il y voit un tas de fumier que Jean du Tillay a laissé là depuis la Noël [5]. Après la guerre du Bien-Public, certaines églises restent longtemps encombrées d'objets qui n'ont rien à voir avec le culte : en 1467, il est fait mention d'une chapelle où l'on a trouvé trois cuves, une vis de pressoir, des chantiers, une baignoire, etc. [6]... Un grand nombre de cimetières, à des dates diverses, sont couverts de broussailles ou de fumier et manquent de clôture; les animaux y circulent librement et déterrent les cadavres [7]. Au Chesnay, le curé a établi sa porcherie dans le cimetière [8].

Les œuvres d'enseignement populaire et de charité avaient été pour la plupart, au moyen âge, organisées par l'Église; elles furent en grande partie détruites par la guerre de Cent ans. Le registre de l'archidiaconé de Josas nous en apporte des preuves nouvelles. C'est d'abord une preuve *ex silentio*. Les mentions relatives aux écoles sont très peu nombreuses [9]. Nous n'en avons recueilli qu'une demi-

---

1. N° 209.
2. N° 226.
3. N° 366. Voir aussi n° 368.
4. N° 445.
5. N° 505.
6. N° 805.
7. N°ˢ 146, 246, 448, 589, 616, 619, 767, 774, etc.
8. N° 1214.
9. D'une façon générale, nous avons peu de renseignements sur les petites écoles au xv° siècle. Pour la Normandie, voir L. Delisle, *la Classe agricole en Normandie*, p. 186-187; Ch. de Beaurepaire, *Recherches sur l'instruction publique dans le diocèse de Rouen avant 1789*, t. I, 1872, p. 18-19, 32, 42 et suiv. Pour la Bretagne : Ant. Dupuy, *les Écoles et les médecins en Bretagne au XV° siècle (Bull. de la Soc. acad. de Brest, 2° sér., t. V)*; La Nicollière Teieiro, *Guillemin de Launay (Annales de Bretagne, t. I)*. Pour le Chartrain : Clerval, *les Écoles de Chartres*, 1895, p. 422 et suiv. Pour la Champagne : Th. Boutiot, *Hist. de l'instruction publique et populaire à Troyes pendant les quatre derniers siècles*, 1865. Pour le Midi, voir les comptes municipaux publiés et les histoires de villes, par exemple : abbé Breuils, *Comptes de Montréal du Gers*, 2° fasc., 1896; Bardon, *Hist. d'Alais de 1341 à 1461*, 1896; abbé Galabert, *Saint Antonin (Bull. de la Soc. archéol. de Turn-et-Garonne, t. XXVI, 1898)*; abbé H.-J. Perrin, *Hist. du Pont-de-Beauvoisin*, 1897; Douais,

douzaine, et encore deux d'entre elles ont-elles un caractère néga-
tif; à Gentilly, en 1467, « les marguilliers se sont plaints que le
curé ne tienne pas une école, ou n'ait pas un clerc pour la tenir,
à défaut de quoi les enfants du village vagabondent et ne reçoivent
aucune instruction, et le service divin s'en trouve diminué. Le curé,
en réponse, a dit qu'il n'est pas tenu de le faire, qu'il ne le fera pas,
et que, si le seigneur visiteur voulait l'y forcer, il en appellera; il a
offert cependant de recevoir comme maître d'école un clerc lettré et
de lui conférer son droit et de lui donner, pour faire la classe, la
cour du presbytère, mais à condition de ne rien débourser et pourvu
que le maître d'école ait une autre maison pour y coucher ». En
1469, la situation est toujours la même, les enfants de Gentilly n'ont
pas encore d'école[1]. A Arpajon, il y a bien un maître d'école, mais
on ne sait d'où il vient, et il sent le fagot : il est cité à l'officialité
pour n'avoir pas communié à Pâques[2]. Quant aux Maisons-Dieu, le
visiteur ne parle que d'une seule, celle de Chevreuse, « qui est du
gouvernement et de la provision des bourgeois du lieu[3] ». D'autres
documents nous attestent la ruine des hôpitaux et des léproseries du
diocèse de Paris à cette époque[4].

Un document aussi sincère que ce registre de visites permet de

l'Épreuve d'un maître d'école au XV° siècle (Bull. de la Soc. archéol. du
Midi de la France, séances de novembre 1894 à mars 1895), etc. Plusieurs des
auteurs que nous venons de nommer se sont fait, d'après quelques textes épars,
une idée certainement beaucoup trop avantageuse de l'instruction populaire au
xv° siècle. Il est sage de conclure avec M. Ch. de Beaurepaire (op. cit.,
p. 67-68) que la fâcheuse situation de l'Église avait entraîné, au moins dans les
campagnes, la décadence des écoles : « Dans un temps, dit-il, où le soin de
l'instruction publique était principalement confié au clergé, on comprendra
facilement à quel degré de dépérissement avait pu descendre l'instruction dans
les campagnes et quelles mœurs grossières et féroces une persévérante misère
avait dû y former. »

1. Nᵒˢ 933, 1074.

2. N° 954. — Les trois autres mentions sont relatives au droit de présenta-
tion du maître d'école : à Senlisse, ce droit appartient au curé (n° 1145); à
Chevreuse, au seigneur du lieu (nᵒˢ 856, 1114).

3. N° 1114.

4. Voir notamment le recueil du P. Denifle, t. I, nᵒˢ 166, 167, 975, 981. —
Notre registre donne d'intéressants détails sur les sages-femmes. Les ménagères
devaient les élire à la majorité, à raison d'une par paroisse ou pour deux
paroisses contiguës, ou de deux dans les grandes paroisses; les matrones élues
recevaient des lettres de commission de l'autorité ecclésiastique. Le visiteur
se plaint que dans beaucoup de paroisses ces règles ne soient pas observées.
Reste à savoir si elles l'étaient mieux dans les siècles précédents. Sur cette
institution des sages femmes, voir nᵒˢ 4, 8, 9, 12, 17, 20, 23, 24, 34, 39, 41, 54,
57, 62, 93, 151, 157, 227, 229, 235, 568, 937, 987, 1034, 1087, etc.

mesurer assez exactement la valeur des plaintes formulées au
xv° siècle sur l'immoralité du clergé. Nous avons recueilli une
dizaine de mentions de libertinage des prêtres pour plus de 150 paroisses[1], et il y avait peu de chances pour que beaucoup de cas de ce
genre échappassent à la perspicacité du visiteur et à la malignité des
ouailles, toujours empressées à la délation. La proportion est donc
peu élevée. Mais la continence n'est pas le seul critérium de la mora-
lité. Il est possible qu'à cet égard le clergé rural, à la fin de la guerre
de Cent ans, fût en majorité inattaquable, mais, à coup sûr, il était
impudemment grossier et cynique, et le lecteur moderne reste stupé-
fait de la scandaleuse conduite qu'osaient tenir certains prêtres de
l'archidiaconé de Josas, et qui leur valait les punitions assez
bénignes notées dans notre document. Que dire de ce curé de Long-
pont, qui passe son temps à la taverne et qu'il faut ramener chez lui
ivre mort[2], et de ce chapelain de Villeroy, qui se fait condamner
comme blasphémateur[3], et de ce Guillaume Boyvin, prêtre chargé
de la paroisse de Marcoussis, qui, un jour de fête, puis à l'occasion
d'une noce, a conduit des danses, travesti en femme[4]? Que dire
enfin, même s'ils ont une vie privée irréprochable, de tous ces
prêtres qui s'inquiètent si peu de leurs ouailles, de ces curés dont les
églises ressemblent à des étables? Il fallait que l'ensemble de l'Église
française, sans mériter toutes les accusations dont les littérateurs et
les pamphlétaires du xv° siècle la flétrissent en termes trop généraux,
fût étrangement oublieuse de sa dignité, inconsciente de sa mission.
L'historien savait depuis longtemps à quoi s'en tenir sur le haut

1. Nᵒˢ 167, 373, 377, 549, 591, 622, 635, 797, 954, 1241. — Sur les scandales
causés par certains curés ou religieux de Poitou sous le règne de Charles VII,
voir les curieuses lettres de rémission publiées par M. Guérin dans les *Arch.
hist. du Poitou*, t. XXIX, p. 172, 194, 203, 257, 419, et t. XXXII, p. 82, 267,
341, 359. Ces faits divers d'adultères, de vengeances conjugales et d'infanti-
cides sont d'une telle crudité que nous ne pouvons que renvoyer aux textes.
Pour la Champagne, voir l'*Invent. des Arch. dép. de l'Aube*, sér. G, t. II, 1896.

2. « Dominus habuit plures querimonias super regimine curati, videlicet quod
frequentat sepissime tabernas, adeo quod in eisdem taliter inebriatur, quod
vix, nisi ductu, potest ad suam domum redire » (nᵒ 630).

3. « Idem dictus cappellanus de Villa regis, propter multas blasphemias et
alias dissolutiones, gagiavit emendam in manibus nostris » (nᵒ 912).

4. « ... Ipse, in crastino festi beate Marie Magdalene coreizaverat in habitu
mulieris cum tunica et capitio, publice de die, in societate laycorum, ac etiam
similiter coreizaverat in nuptiis Johannis Martin, in simili habitu, in villa de
Marcouciaco, cujus habebat onus et administrationem, in vituperium ipsius et
scandalum » (nᵒ 623). Cf. le nᵒ 837, sur le curé de Bièvres : « Curatus emen-
davit lusisse ad palmam et coreasse, in sua camisia publice, die Sancti Petri,
in corea publica, in villa de Igniaco. » Voir aussi les nᵒˢ 568, 1059, 1217, 1224.

clergé du temps de Charles VII et de Louis XI : le document que nous analysons est un long réquisitoire contre le bas clergé.

Mais devra-t-on dire que c'est la *décadence* morale de l'Église au xv⁰ siècle qui a amené la grande secousse du xvi⁰? Faut-il parler de décadence? Les documents antérieurs, qui ne manquent pas, interdisent de le faire. Nous ne connaissons pas de plus ancien registre de visites de l'archidiaconé de Josas. Mais ouvrons le fameux *Journal* où Eude Rigaud a consigné le récit de ses actes pastoraux, de 1248 à 1269. Les secs procès-verbaux des enquêtes que fait l'archevêque de Rouen dans chaque doyenné de son diocèse ne sont qu'une liste de prêtres libidineux, adultères, incestueux, ivrognes. Dans le doyenné de Longueville, qui compte quarante-deux paroisses, onze curés sont « infamati de incontinentia », trois entretiennent de longue date une concubine, qui leur a donné un ou plusieurs enfants; deux ont des relations avec des femmes mariées. Quatre autres s'adonnent à la boisson. Mêmes scandales dans les autres doyennés[1]. Voici le compte-rendu de la visite de l'archevêque à l'église collégiale et paroissiale de Gournai : « Nous avons constaté que Mathieu, chanoine, avait entretenu pendant quatorze ans une femme des Andelys, et l'on croyait qu'elle était encore chez lui; cependant, il ne l'entretenait pas publiquement, mais si prudemment et occultement qu'elle ne pouvait être vue que de peu de gens. *Item*, Simon, chapelain, était réputé pour son incontinence; l'on disait qu'il avait violemment frappé une femme, nommé Haisia, parce qu'elle ne voulait pas lui livrer sa fille, et l'on ajoutait qu'il avait pris la fille de force. *Item*, le même Simon et Laurent, chapelain, jouaient fréquemment aux dés. *Item*, Guillaume Moiniat, vicaire, et un autre, son compagnon, ont frappé en ville un laïque, ce qui a fait scandale, et ledit Guillaume a tiré son couteau; etc.[2]. » C'est par centaines que sont énumérés dans le *Journal* les curés, les chapelains, les prieurs et les moines qui font la débauche, courent les tavernes et les lupanars et boivent « jusqu'au gosier[3] ».

Le tableau que présente notre registre de Josas est, à coup sûr, moins repoussant et moins honteux. Les curés et les moines normands du temps de saint Louis étaient plus vicieux que les justiciables de Jean Mouchard et moins excusables. Assurément, les

---

1. *Journal*, éd. Bonnin, p. 17 et suiv.

2. *Ibid.*, p. 466.

3. Voir encore l'Avis soumis par l'évêque d'Angers, Guillaume Le Maire, aux pères du concile de Vienne, en 1312, dans le *Livre de Guillaume Le Maire*, publié par Célestin Port, p. 478 (*Coll. des doc. inéd., Mélanges historiques*, t. II, 1877). Cf. *ibid.*, p. 237, 243.

prêtres de l'archidiaconé de Josas, à la fin de la guerre de Cent ans, étaient ignorants, négligents et brutaux ; mais comment, en vérité, aurait-il pu en être autrement dans ces campagnes, transformées pendant un long règne en un vaste champ de batailles et de brigandages, au milieu de cette société populaire plongée par les pires malheurs dans une nuit de barbarie ?

Le registre de notre visiteur nous dépeint en effet une société rurale à peine délivrée des terreurs de la grande guerre, très clair-semée, décimée encore par de violentes épidémies[1], plus avare et plus âpre au gain que jamais, déchirée par de furieuses haines de village[2], brutale et fréquemment dévergondée[3]. Les prêtres sont, semble-t-il, peu aimés et peu respectés ; on les épie, on les dénonce au visiteur, on les calomnie au besoin et on les aide peu ; rares sont les bons marguilliers[4]. Les pratiques religieuses sont observées, mais sans que la ferveur soit très vive[5], et la grossièreté des fidèles se reflète dans le naïf compte-rendu d'une tentative que le curé de Saint-Vrain a faite, en 1469, pour donner une représentation du mystère de saint Sébastien : il a réuni les sept acteurs dans une chapelle, et ceux-ci, pendant la répétition, « renient Dieu et se battent[6] ».

1. N⁰ˢ 713, 947, 953, 957.

2. N⁰ˢ 523, 642, 857, 1105, 1258, 1264.

3. N⁰ˢ 382, 398, 589, 602, 619, 818, 853, 1114, 1125, 1140.

4. A. Echarcon, « Johannes Macé et Guillielmus de Juignes, parrochiani ejusdem loci, fecerunt nobis magnam querimoniam a matriculariis, dicentes quod faciunt male debitum desserviendi, et de post quatuor annos non reddiderunt compotum, neque fecerunt aliquas reparationes, licet ecclesia indigeat multis reparationibus, et receperunt multas legationes ; sunt parentes et habent fiduciam in simul, unde ecclesia male regitur » (n⁰ 913). Il y a même des marguilliers qui ne résident pas ; par exemple à Ivry-Petit-Bourg : « ... Et etiam est lis inter matricularios et parrochianos propter compotum acceptandum : item matricularii faciunt male debitum suum serviendi in ecclesiam, quia morantur Parisius, et non est illis cura de ecclesia, neque de bonis ecclesie » (n⁰ 904). Voir aussi n⁰ˢ 505, 609, 753, 873, 914, 925, 983. Sur l'office de marguillier, le registre contient des textes intéressants : n⁰ˢ 364, 593-594, 603, 1117. Cf. Thomassin, *Anc. et nouv. discipline*, part. III, liv. I, chap. LXXI, et liv. II, chap. XXXVI ; éd. de 1725, t. III, p. 587 et 858.

5. Les paroissiens dénoncés au visiteur pour n'avoir pas communié à Pâques ou pour avoir manqué la messe sont rares (n⁰ˢ 63, 195, 229, 446, 616, 871, 894, 930, 936, 955, 1100). Mais les fidèles ne communient guère qu'à Pâques, malgré les prescriptions contraires (voir la *Préface* de l'abbé Alliot, p. XXXIV). — Exemple de paroissiens jouant à la paume dans le cimetière : n⁰ 1107. — Les mentions de confréries sont très rares (n⁰ˢ 676, 681, 729). — Naturellement les paroissiens croient aux sorcières (n⁰ 72).

6. « Est notandum quod decanus christianitatis dedit licentiam in hac villa ludendi ludos beati Sebastiani, die Nostre Domine septembris cum dominica

Ainsi, la grossièreté des curés de campagne au xve siècle ne s'explique que trop facilement; mais surtout notons qu'elle n'est point chose nouvelle et que, si on compare les registres tenus par Eude Rigaud au xiiie siècle et par Jean Mouchard au xve, le dévergondage du clergé rural ne paraît pas s'être accru; on serait plutôt incliné à soutenir la thèse contraire. Le fait spécial que notre document met en lumière, ce n'est pas l'immoralité des curés de campagne, c'est leur extrême misère. Au xiiie siècle, l'Église était riche, la guerre de Cent ans la ruina; ce fut l'énorme diminution de ses revenus qui engendra le plus grand nombre des abus dont elle souffrit dès lors et qui poussa plus tard une partie de ses membres dans le camp de la révolution religieuse. Recherchons en effet comment ont pu se propager, jusque dans les plus humbles paroisses rurales, les maux lamentables du cumul des bénéfices et de l'absentéisme des prêtres, et nous constatons que la cause première est la pauvreté de ces bénéfices. Voilà donc un phénomène purement matériel qui a provoqué la désorganisation de la discipline et du culte. Et, d'autre part, pourquoi le bas clergé a-t-il fourni tant de recrues au protestantisme? N'est-il pas évident que la misère l'avait aigri? Pour expliquer la Réforme, il est donc nécessaire d'examiner les résultats matériels de la guerre de Cent ans. Soyons bien persuadés que les transformations de l'Église, comme celles de toutes les autres forces sociales, ont été pour une grande part provoquées par des faits économiques.

sequenti. Lusores : Michael Datilli, Gauffridus Levain, Johannes Bérault, Rogerius Cordier, Petrus Jeudi, Guillotus Bardon, commorans a Ledeville, Anthonius Simonnet a Marolles. Recordaverunt ludum in cappellam sancti Verani, denegando Deum, pugnando ad invicem » (n° 1054). Cf. Petit de Julleville, *les Mystères*, t. II, p. 32, 185, 557 et suiv. La mention ci-dessus rapportée est à ajouter à la liste dressée par Petit de Julleville, qui ne rapporte aucune représentation de mystère pour l'année 1469 et ne connaît de représentation d'un mystère de saint Sébastien au xve siècle qu'à Chambéry en 1446 et à Chalon-sur-Saône en 1497.

Nogent-le-Rotrou, imprimerie DAUPELEY-GOUVERNEUR.

www.ingramcontent.com/pod-product-compliance
Lightning Source LLC
LaVergne TN
LVHW012128170726
843501LV00008BC/3069